ANDRÉA JOURDAN

Complètement
TARTARES

LES ÉDITIONS DE
L'HOMME
Une société de Québecor Média

Design graphique : Josée Amyotte
Infographie : Chantal Landry, Johanne Lemay
Révision : Lucie Desaulniers
Correction : Sylvie Massariol
Photographies : Philip Jourdan

DISTRIBUTEUR EXCLUSIFS:
Pour le Canada et les États-Unis :
MESSAGERIES ADP*
2315, rue de la Province
Longueuil, Québec J4G 1G4
Téléphone : 450-640-1237
Télécopieur : 450-674-6237
Internet : www.messageries-adp.com
* filiale du Groupe Sogides inc.,
  filiale de Québecor Média inc.

Suivez-nous sur le Web

Consultez nos sites Internet et inscrivez-vous
à l'infolettre pour rester informé en tout
temps de nos publications et de nos concours
en ligne. Et croisez aussi vos auteurs préférés
et notre équipe sur nos blogues !

EDITIONS-HOMME.COM
EDITIONS-JOUR.COM
EDITIONS-PETITHOMME.COM
EDITIONS-LAGRIFFE.COM

Imprimé en Chine

03-13

Dépôt légal : 2013
Bibliothèque et Archives nationales du Québec

ISBN 978-2-7619-3458-9

Gouvernement du Québec – Programme de crédit
d'impôt pour l'édition de livres – Gestion SODEC –
www.sodec.gouv.qc.ca

L'Éditeur bénéficie du soutien de la Société de
développement des entreprises culturelles du Québec
pour son programme d'édition.

 Conseil des Arts   Canada Council
du Canada   for the Arts

Nous remercions le Conseil des Arts du Canada de
l'aide accordée à notre programme de publication.

Nous reconnaissons l'aide financière du gouvernement
du Canada par l'entremise du Fonds du livre du Canada
pour nos activités d'édition.

Table des matières

Steak tartare classique

PORTIONS: 4   **PRÉPARATION:** 15 min   **RÉFRIGÉRATION:** 15 min

450 g (1 lb) de bœuf (filet
   ou contrefilet)

3 échalotes, hachées
   finement

¼ c. à café de sel

4 c. à soupe de moutarde
   de Dijon

1 c. à café de sauce Tabasco

2 c. à soupe de persil, haché

1 c. à soupe de câpres,
   hachées

4 cornichons fins, hachés

4 jaunes d'œufs

À l'aide d'un bon couteau, trancher la viande, puis la hacher finement. Transférer dans un grand bol. Ajouter 1 échalote hachée, le sel, 2 c. à soupe de moutarde de Dijon, la sauce Tabasco et le persil. Bien mélanger. Réfrigérer 15 minutes.

Disposer les câpres, les cornichons, le reste des échalotes et de la moutarde sur 4 assiettes individuelles.

Former 4 boulettes aplaties avec la préparation de bœuf et les placer au centre des assiettes. Creuser une légère cavité dans chaque boulette et y déposer 1 jaune d'œuf. Servir immédiatement.

Tartare d'agneau au pesto

PORTIONS: 4 **PRÉPARATION:** 20 min **RÉFRIGÉRATION:** 30 min

450 g (1 lb) d'agneau (filet ou tranche de gigot)

2 tomates séchées, coupées en dés

2 c. à soupe de pesto du commerce

1 c. à soupe de moutarde de Dijon

2 c. à soupe de mayonnaise

1 pincée de sel

1 pincée de poivre noir frais moulu

2 c. à soupe de noix de pin

1 petit bouquet de basilic

À l'aide d'un bon couteau, trancher la viande, puis la hacher finement. Transférer dans un grand bol. Ajouter les tomates séchées, le pesto, la moutarde de Dijon, la mayonnaise, le sel et le poivre. Bien mélanger. Réfrigérer 30 minutes.

Disposer le tartare sur des assiettes individuelles. Garnir de noix de pin et de basilic. Servir immédiatement.

Tartare de bison aux bleuets

PORTIONS: 4   **PRÉPARATION:** 20 min   **RÉFRIGÉRATION:** 30 min

450 g (1 lb) de filet ou de pavé de bison

2 petits concombres, coupés en dés

1 c. à soupe de ciboulette, hachée

1 c. à café d'origan frais, haché

1 c. à café de sauce Worcestershire

1 c. à soupe de miel

1 pincée de sel

1 pincée de poivre noir frais moulu

225 g (1 ½ tasse) de bleuets

2 c. à soupe de sucre

Quelques fleurs de thym (facultatif)

À l'aide d'un bon couteau, trancher la viande, puis la hacher finement. Transférer dans un grand bol. Ajouter les dés de concombre, la ciboulette, l'origan, la sauce Worcestershire, le miel, le sel et le poivre. Bien mélanger. Réfrigérer 30 minutes.

Dans un bol, écraser la moitié des bleuets et mélanger avec le sucre.

Ajouter la préparation de bleuets au tartare et mélanger. Façonner en galettes et disposer sur des assiettes individuelles. Garnir du reste des bleuets et de fleurs de thym. Servir immédiatement.

Tartare de bœuf à l'estragon et aux fruits des bois

PORTIONS : 4   **PRÉPARATION :** 20 min   **RÉFRIGÉRATION :** 30 min

450 g (1 lb) de bœuf (filet ou contrefilet)

2 c. à soupe de ciboulette, hachée

8 branches d'estragon, hachées

1 c. à café de vinaigre de xérès

1 c. à café de sauce Worcestershire

2 c. à soupe de moutarde de Dijon

1 c. à soupe de mayonnaise

1 pincée de sel

1 pincée de poivre noir frais moulu

18 framboises

12 mûres

16 bleuets

À l'aide d'un bon couteau, trancher la viande, puis la hacher finement. Transférer dans un grand bol. Ajouter la ciboulette, l'estragon, le vinaigre de xérès, la sauce Worcestershire, la moutarde de Dijon, la mayonnaise, le sel et le poivre. Bien mélanger. Réfrigérer 30 minutes.

Dans un bol, mélanger les framboises, les mûres et les bleuets. Écraser légèrement les fruits à la fourchette.

Disposer le tartare sur des assiettes individuelles. Garnir de petits fruits et servir immédiatement.

Tartare de bœuf, de gorgonzola et de pamplemousse

PORTIONS: 4 **PRÉPARATION:** 25 min **RÉFRIGÉRATION:** 30 min

450 g (1 lb) de filet de bœuf (ou de contrefilet)

1 petit oignon blanc, haché

1 branche de céleri, hachée

1 c. à soupe de ciboulette, hachée

1 c. à café de sauce Worcestershire

4 c. à soupe de jus de pamplemousse

1 pincée de sel

1 pincée de poivre noir frais moulu

2 c. à soupe de crème sure

225 g (8 oz) de gorgonzola

1 pamplemousse, pelé à vif et séparé en suprêmes

2 branches de céleri, coupées en bâtonnets

À l'aide d'un bon couteau, trancher la viande, puis la hacher finement. Transférer dans un grand bol. Ajouter l'oignon, le céleri, la ciboulette, la sauce Worcestershire, le jus de pamplemousse, le sel et le poivre. Bien mélanger. Réfrigérer 30 minutes.

Ajouter la crème sure à la préparation de bœuf et mélanger.

À l'aide d'un emporte-pièce ou d'un ramequin, découper 4 rondelles de gorgonzola et les disposer sur des assiettes. Placer ¼ de la préparation de bœuf sur chaque rondelle de gorgonzola. Garnir de suprêmes de pamplemousse et de bâtonnets de céleri. Servir immédiatement.

Tartare de bœuf en burger

PORTIONS: 4   **PRÉPARATION:** 20 min   **RÉFRIGÉRATION:** 30 min

450 g (1 lb) de bœuf (filet ou contrefilet)

1 oignon, coupé en dés

1 jaune d'œuf

1 c. à café de sauce Worcestershire

1 gousse d'ail, hachée

1 c. à soupe de ketchup

2 c. à café de moutarde de Dijon

1 bonne pincée de sel

1 pincée de poivre noir frais moulu

4 pains à hamburger

2 c. à café de mayonnaise

2 cornichons à l'aneth, en tranches

1 tomate tranchée

2 c. à café de moutarde douce

À l'aide d'un bon couteau, trancher la viande, puis la hacher finement. Transférer dans un grand bol. Ajouter les dés d'oignon, le jaune d'œuf, la sauce Worcestershire, l'ail, le ketchup, la moutarde de Dijon, le sel et le poivre. Bien mélanger. Réfrigérer 30 minutes.

Ouvrir les pains et tartiner les deux moitiés de mayonnaise.

Façonner le tartare en 4 boulettes et les déposer sur une moitié de chaque pain. Garnir de moutarde, puis de tranches de cornichon et de tomate. Servir immédiatement.

Tartare de cerf à la feta et à l'origan

PORTIONS: 4   **PRÉPARATION:** 20 min   **RÉFRIGÉRATION:** 30 min

450 g (1 lb) de filet ou de pavé de cerf

225 g (8 oz) de fromage feta, coupé en petits dés

1 concombre épépiné, en dés

1 c. à café de sauce Worcestershire

2 c. à soupe d'origan frais, haché

1 pincée de sel

1 pincée de poivre noir frais moulu

1 jaune d'œuf

1 c. à café de jus de citron

1 c. à soupe d'huile d'olive extra vierge

À l'aide d'un bon couteau, trancher la viande, puis la hacher finement. Transférer dans un grand bol. Ajouter le fromage feta, les dés de concombre, les dés de concombre, la sauce Worcestershire, l'origan, le sel et le poivre. Bien mélanger. Réfrigérer 30 minutes.

Dans un bol, mélanger le jaune d'œuf, du sel et le jus de citron. En fouettant, ajouter lentement l'huile d'olive et monter comme une mayonnaise. Ajouter cette sauce au tartare et mélanger.

Disposer le tartare sur des assiettes individuelles et servir immédiatement.

Tartare de cerf aux olives et aux amandes

PORTIONS: 4 **PRÉPARATION:** 20 min **RÉFRIGÉRATION:** 30 min

450 g (1 lb) de filet ou de pavé de cerf

1 petit oignon blanc, haché

2 gousses d'ail, hachées

4 c. à soupe d'olives noires, hachées

100 g (1 tasse) d'amandes effilées

1 jaune d'œuf

1 c. à soupe de moutarde de Dijon

1 c. à café de ketchup

1 c. à soupe de mayonnaise

1 pincée de sel

1 pincée de poivre noir frais moulu

1 petit oignon, coupé en rondelles fines

À l'aide d'un bon couteau, trancher la viande, puis la hacher finement. Transférer dans un grand bol. Ajouter l'oignon, l'ail, les olives, la moitié des amandes, le jaune d'œuf, la moutarde de Dijon, le ketchup, la mayonnaise, le sel et le poivre. Bien mélanger. Réfrigérer 30 minutes.

Ajouter le reste des amandes à la préparation et mélanger.

Disposer le tartare sur des assiettes individuelles. Garnir de rondelles d'oignon et servir immédiatement.

Tartare de cheval épicé

PORTIONS: 4   **PRÉPARATION:** 20 min   **RÉFRIGÉRATION:** 15 min

450 g (1 lb) de filet ou de pavé de cheval

1 oignon rouge, haché finement

2 c. à soupe de zeste de citron

2 jaunes d'œufs

2 c. à soupe de ketchup

2 c. à café de sambal œlek

1 pincée de sel

1 pincée de poivre noir frais moulu

2 tomates, coupées en petits dés

4 c. à café de yogourt nature

À l'aide d'un bon couteau, trancher la viande, puis la hacher finement. Transférer dans un grand bol. Ajouter l'oignon, le zeste de citron, les jaunes d'œufs, le ketchup, le sambal œlek, le sel et le poivre. Bien mélanger. Réfrigérer 15 minutes.

Dans un bol, mélanger les tomates avec un peu de sel et de poivre, au goût.

Disposer le tartare sur des assiettes individuelles. Garnir de dés de tomates et de yogourt. Servir immédiatement.

Tartare de veau aux olives

PORTIONS: 4   **PRÉPARATION:** 20 min   **RÉFRIGÉRATION:** 30 min

450 g (1 lb) de filet ou de noix de veau

1 oignon, coupé en dés

2 c. à soupe d'huile d'olive extra vierge

1 c. à café de mayonnaise

1 c. à soupe de moutarde de Dijon

1 c. à café de persil, haché

1 c. à soupe de ciboulette, hachée

1 bonne pincée de sel

1 pincée de poivre noir frais moulu

1 c. à café de zeste de citron

3 c. à soupe d'olives noires, hachées

1 c. à soupe de thym, haché

À l'aide d'un bon couteau, trancher la viande, puis la hacher finement. Transférer dans un grand bol. Ajouter l'oignon, l'huile d'olive, la mayonnaise, la moutarde de Dijon, le persil, la ciboulette, le sel, le poivre et le zeste de citron. Bien mélanger. Réfrigérer 30 minutes.

Disposer le tartare sur des assiettes individuelles. Garnir d'olives et de thym. Servir immédiatement.

Tartare de canard à la nectarine et aux noix de pin

PORTIONS: 4   **PRÉPARATION:** 15 min   **RÉFRIGÉRATION:** 30 min

2 magrets de canard

1 c. à café de sauce soya

1 gousse d'ail, écrasée

2 c. à soupe de noix de pin, hachées

1 c. à soupe de mayonnaise

1 pincée de poivre noir frais moulu

1 c. à soupe de persil haché

1 c. à soupe de thym frais, haché

2 nectarines, coupées en dés

À l'aide d'un bon couteau, retirer la peau des magrets. Hacher finement la chair de canard. Transférer dans un grand bol. Ajouter la sauce soya, l'ail, les noix de pin, la mayonnaise, le poivre, le persil et le thym. Bien mélanger. Réfrigérer 30 minutes.

Ajouter les dés de nectarine au tartare et mélanger. Servir immédiatement.

Tartare de canard au poivron, sauce au chocolat

PORTIONS : 4 **PRÉPARATION :** 20 min **RÉFRIGÉRATION :** 30 min **ATTENTE :** 10 min

2 magrets de canard

2 poivrons, coupés en dés

1 pomme, pelée et râpée

2 c. à café de cardamome moulue

1 c. à café de crème à fouetter 35 %

1 pincée de sel

1 pincée de poivre noir frais moulu

Sauce au chocolat

200 g (7 oz) de chocolat noir

60 ml (¼ tasse) de crème à fouetter 35 %

¼ c. à café de piment séché

125 ml (½ tasse) de cidre de glace (ou de jus de pomme)

À l'aide d'un bon couteau, retirer la peau des magrets. Hacher finement la chair de canard. Transférer dans un grand bol. Ajouter la moitié des poivrons, la pomme râpée, la cardamome, la crème, le sel et le poivre. Bien mélanger. Réfrigérer 30 minutes.

Sauce au chocolat : Dans une casserole à feu doux, faire fondre le chocolat dans la crème. Ajouter le piment séché, mélanger et retirer du feu. Laisser reposer 10 minutes. Ajouter le cidre de glace (ou le jus de pomme), en fouettant.

Disposer le tartare sur des assiettes individuelles. Garnir du reste des poivrons et de la sauce au chocolat. Servir immédiatement.

Tartare d'omble chevalier et de pousses d'épinards

PORTIONS: 4 **CONGÉLATION:** 1 h **PRÉPARATION:** 25 min **RÉFRIGÉRATION:** 30 min

450 g (1 lb) de filet d'omble chevalier frais

1 oignon, haché

1 c. à café de zeste d'orange

1 pincée de sel

100 g (3 ⅓ tasses) de jeunes épinards, hachés

1 c. à soupe d'huile d'olive extra vierge

3 c. à soupe d'aneth, haché

4 c. à soupe de jus d'orange

1 c. à soupe de mayonnaise

Placer l'omble chevalier au congélateur 1 heure.

À l'aide d'un bon couteau, trancher l'omble chevalier en petits cubes. Transférer dans un grand bol. Ajouter l'oignon, le zeste d'orange et le sel. Bien mélanger. Réfrigérer 30 minutes.

Dans un bol, mélanger les épinards, l'huile d'olive et la moitié de l'aneth.

Dans un autre bol, mélanger le jus d'orange, la mayonnaise et le reste de l'aneth.

Façonner le tartare en 8 galettes. Disposer une galette de poisson sur chaque assiette. Couvrir du mélange d'épinards, puis d'une autre galette de poisson. Garnir le tout de mayonnaise à l'aneth et servir immédiatement.

Tartare de bar aux radis, aux prunes et au vinaigre de framboise

PORTIONS: 4 **CONGÉLATION:** 1 h **PRÉPARATION:** 20 min **RÉFRIGÉRATION:** 30 min

450 g (1 lb) de filet de bar frais

6 radis, coupés en petits dés

4 prunes, coupées en petits dés

1 pincée de sel

1 pincée de poivre blanc

2 c. à soupe de vinaigre de framboise

¼ c. à café d'anis vert, moulu

2 radis, tranchés

1 prune, tranchée

4 framboises, coupées en 2

Placer le bar au congélateur 1 heure.

À l'aide d'un bon couteau, trancher le bar en petits cubes. Transférer dans un grand bol. Ajouter les dés de radis et de prune. Saler et poivrer. Mélanger. Ajouter le vinaigre de framboise et l'anis vert. Bien mélanger et réfrigérer 30 minutes.

Mouler le tartare dans 4 petits ramequins. Retourner les ramequins sur des assiettes individuelles et démouler. Garnir des tranches de radis et de prunes ainsi que des moitiés de framboise. Servir immédiatement.

31

Tartare de doré au concombre et au citron

PORTIONS: 4   **CONGÉLATION:** 1 h   **PRÉPARATION:** 20 min   **RÉFRIGÉRATION:** 30 min

450 g (1 lb) de filet de doré frais

1 oignon, haché

1 concombre, épépiné et coupé en dés

1 citron, pelé et coupé en dés

1 bonne pincée de sel

2 c. à soupe de menthe, hachée

2 citrons, tranchés

4 c. à soupe de vodka (facultatif)

Quelques feuilles de menthe

Placer le doré au congélateur 1 heure.

À l'aide d'un bon couteau, trancher le doré en petits cubes. Transférer dans un grand bol. Ajouter l'oignon, les dés de concombre et de citron, le sel et la menthe. Bien mélanger. Réfrigérer 30 minutes.

Pendant ce temps, dans un petit bol, laisser tremper les tranches de citron dans la vodka 30 minutes.

Disposer les tranches de citron sur des assiettes individuelles. Couvrir de tartare de doré. Garnir de feuilles de menthe et servir immédiatement.

Tartare de saumon au cari

PORTIONS: 4   **CONGÉLATION:** 1 h   **PRÉPARATION:** 15 min   **RÉFRIGÉRATION:** 30 min

450 g (1 lb) de filet
   de saumon frais

1 oignon, haché

1 c. à soupe de coriandre
   hachée

2 c. à café de poudre de cari

1 c. à café de jus d'orange

1 c. à soupe de mayonnaise

2 c. à soupe de yogourt
   nature

1 pincée de sel

1 c. à café de zeste d'orange

1 orange, tranchée

Placer le saumon au congélateur 1 heure.

À l'aide d'un bon couteau, trancher le saumon en petits cubes. Transférer dans un grand bol. Ajouter l'oignon et la coriandre, et mélanger.

Dans un petit bol, mélanger la poudre de cari, le jus d'orange, la mayonnaise, le yogourt, le sel et le zeste d'orange. Ajouter ce mélange au tartare de saumon et bien mélanger. Réfrigérer 30 minutes.

Disposer le tartare sur des assiettes individuelles. Garnir de tranches d'orange. Servir immédiatement.

Tartare de saumon aux artichauts et aux câpres

PORTIONS: 4   **CONGÉLATION:** 1 h   **PRÉPARATION:** 20 min   **RÉFRIGÉRATION:** 2 h (facultatif)

450 g (1 lb) de filet de saumon frais

1 échalote, hachée

6 artichauts à l'huile, hachés

2 c. à soupe de fleur d'ail en conserve (facultatif)

2 c. à soupe de câpres, hachées

2 c. à soupe de crème sure

1 bonne pincée de sel

1 pincée de poivre

1 c. à soupe de vinaigre balsamique

Quelques câpres entières

Placer le saumon au congélateur 1 heure.

À l'aide d'un bon couteau, couper le saumon en petits cubes. Transférer dans un grand bol. Ajouter l'échalote, les artichauts, la fleur d'ail et les câpres. Bien mélanger. Ajouter la crème sure, le sel et le poivre. Mélanger.

Disposer le tartare sur des assiettes individuelles. Garnir de vinaigre balsamique et de câpres entières. Servir immédiatement.

NOTE: On peut couvrir le tartare de pellicule plastique et le réfrigérer 2 heures avant de le servir.

Tartare de saumon fumé aux radis, à la betterave et au fenouil

PORTIONS: 4   **PRÉPARATION:** 15 min   **RÉFRIGÉRATION:** 30 min

450 g (1 lb) de saumon fumé

8 radis roses, coupés en dés

1 betterave rouge, cuite et coupée en dés

1 petit bulbe de fenouil, coupé en dés

2 c. à soupe d'huile d'olive extra vierge

2 c. à soupe de jus de citron

4 œufs de caille ou petits œufs de poule, cuits et écalés, coupés en 2

2 oignons verts, coupés en bâtonnets

À l'aide d'un bon couteau, couper le saumon fumé en petits dés. Transférer dans un grand bol. Ajouter les dés de radis, de betteraves et de fenouil, l'huile d'olive et le jus de citron. Bien mélanger. Réfrigérer 30 minutes.

Disposer le tartare sur des assiettes individuelles. Garnir de moitiés d'œufs et de bâtonnets d'oignons verts. Servir immédiatement.

Tartare de sole à la tomate et à la vanille

PORTIONS : 4   **CONGÉLATION :** 1 h   **PRÉPARATION :** 20 min   **RÉFRIGÉRATION :** 30 min

450 g (1 lb) de filets de sole frais

1 oignon vert, haché

½ c. à café de poudre de vanille

1 pincée de sel

2 c. à soupe de lait de coco

2 tomates, coupées en dés

1 pincée de poivre noir frais moulu

½ c. à café de sucre

Placer les filets de sole au congélateur 1 heure.

À l'aide d'un bon couteau, trancher les filets de sole en petits cubes. Transférer dans un grand bol. Ajouter l'oignon vert, la poudre de vanille, le sel et le lait de coco. Bien mélanger. Réfrigérer 30 minutes.

Dans un petit bol, mélanger les tomates, le poivre et le sucre.

Disposer le tartare sur des assiettes individuelles. Garnir de mélange aux tomates. Servir immédiatement.

Tartare de thon et de fenouil

PORTIONS: 4 **CONGÉLATION:** 1 h **PRÉPARATION:** 20 min **RÉFRIGÉRATION:** 30 min

450 g (1 lb) de filet de thon frais

1 petit bulbe de fenouil, coupé en dés

2 c. à soupe d'huile d'olive extra vierge

1 c. à café de jus de citron vert

1 c. à soupe de ciboulette, hachée

1 pincée de sel

2 c. à soupe de mayonnaise

2 c. à soupe de crème à fouetter 35 %

3 c. à café de wasabi (raifort japonais)

Quelques brins de fenouil

Placer le thon au congélateur 1 heure.

À l'aide d'un bon couteau, trancher le thon en petits cubes. Transférer dans un grand bol. Ajouter le fenouil, l'huile d'olive, le jus de citron vert, la ciboulette et le sel. Réfrigérer 30 minutes.

Dans un bol, mélanger la mayonnaise, la crème et le wasabi.

Disposer le tartare sur des assiettes individuelles. Garnir de mayonnaise au wasabi et de brins de fenouil. Servir immédiatement.

NOTE: Ce tartare est excellent servi sur des galettes de maïs croquantes.

Tartare de crevettes au gingembre

PORTIONS: 4   **PRÉPARATION:** 20 min   **RÉFRIGÉRATION:** 45 min

450 g (1 lb) de crevettes (crues ou cuites)

125 ml (½ tasse) de jus de citron vert

2 c. à soupe de zeste de citron vert

4 c. à soupe de mayonnaise

2 cm (¾ po) de racine de gingembre, hachée

4 c. à soupe de sauce soya légère

1 petit daïkon ou 1 gros concombre, pelé et épépiné, coupé en fins bâtonnets

À l'aide d'un bon couteau, trancher les crevettes en petits cubes. Transférer dans un grand bol. Ajouter le jus et le zeste de citron vert, la mayonnaise et le gingembre. Bien mélanger. Réfrigérer 45 minutes.

Disposer le tartare sur des assiettes individuelles. Verser un peu de sauce soya dans chaque assiette. Garnir de bâtonnets de daïkon et servir immédiatement.

Tartare de crevettes et de pétoncles aux herbes

PORTIONS: 4   **PRÉPARATION:** 20 min   **RÉFRIGÉRATION:** 30 min

125 ml (½ tasse) d'huile d'olive extra vierge

4 c. à soupe de cerfeuil, haché

4 c. à soupe de ciboulette, hachée

4 c. à soupe de persil, haché

2 c. à soupe d'estragon, haché

2 c. à soupe de coriandre, hachée

1 pincée de sel

1 pincée de poivre noir frais moulu

225 g (½ lb) de crevettes

225 g (½ lb) de pétoncles

1 oignon, haché

125 ml (½ tasse) de jus de citron

1 c. à café de sambal œlek

1 citron, tranché

Au robot culinaire, mélanger l'huile d'olive, le cerfeuil, la ciboulette, le persil, l'estragon et la coriandre jusqu'à l'obtention d'une pâte dense. Saler et poivrer légèrement. Réserver à la température ambiante.

À l'aide d'un bon couteau, couper les crevettes et les pétoncles en petits cubes. Transférer dans un grand bol. Ajouter l'oignon, le jus de citron et le sambal œlek. Couvrir et réfrigérer 30 minutes.

Égoutter les crevettes et les pétoncles. Mélanger à la sauce aux herbes.

Transférer le tartare dans de petits bols ou dans des cuillères apéritives. Garnir de tranches de citron et servir immédiatement.

Tartare de pétoncles
à la mousse de coco

PORTIONS: 4　**PRÉPARATION:** 20 min　**RÉFRIGÉRATION:** 30 min

450 g (1 lb) de pétoncles

125 ml (½ tasse) de jus
de citron vert

1 bonne pincée de sel

1 c. à soupe de coriandre,
hachée

3 c. à soupe de basilic
thaïlandais, haché

250 ml (1 tasse) de crème
de noix de coco

250 ml (1 tasse) de crème
à fouetter 35 %

À l'aide d'un bon couteau, couper les
pétoncles en petits cubes. Transférer dans
un grand bol. Ajouter le jus de citron vert, le
sel, la coriandre et le basilic. Bien mélanger.
Réfrigérer 30 minutes.

Dans un bol, verser la crème de noix de
coco et la crème 35 %. Fouetter jusqu'à
épaississement.

Ajouter la sauce fouettée au tartare et
mélanger. Disposer sur des assiettes
individuelles et servir immédiatement.

Tartare de champignons au roquefort

PORTIONS: 4 **PRÉPARATION:** 15 min **RÉFRIGÉRATION:** 20 min

200 g (7 oz) de roquefort

450 g (1 lb) de champignons

1 oignon, haché

3 branches de céleri, coupées en dés

2 c. à soupe de cerfeuil, haché

1 pincée de sel

1 pincée de poivre noir frais moulu

2 c. à soupe de mayonnaise

4 c. à soupe de porto (facultatif)

Émietter 115 g (4 oz) de roquefort et séparer le reste en 4 petites pointes. Réserver.

Couper les champignons en petits cubes. Transférer dans un grand bol. Ajouter l'oignon, le céleri, le cerfeuil, le sel, le poivre, la mayonnaise et le roquefort émietté. Bien mélanger. Réfrigérer 20 minutes.

Ajouter le porto au tartare et mélanger.

Disposer le tartare sur des assiettes individuelles. Garnir des pointes de roquefort et servir immédiatement.

Tartare de concombre aux herbes de Provence

PORTIONS: 4   **PRÉPARATION:** 20 min   **RÉFRIGÉRATION:** 30 min

6 concombres libanais, épépinés et coupés en dés

3 c. à soupe de canneberges séchées, hachées

2 c. à soupe de zeste de citron

1 c. à soupe de zeste d'orange

1 c. à soupe de thym frais, haché

1 c. à café de romarin frais, haché

2 c. à soupe de persil, haché

1 c. à soupe de ciboulette, hachée

4 c. à soupe d'huile d'olive extra vierge

Sel et poivre blanc

125 ml (½ tasse) de ricotta

Dans un grand bol, mélanger les concombres libanais, les canneberges, les zestes de citron et d'orange, le thym, le romarin, le persil, la ciboulette et l'huile d'olive. Saler et poivrer, au goût. Réfrigérer 30 minutes.

Dans un petit bol, mélanger la ricotta avec une pincée de sel et de poivre blanc.

Disposer le tartare sur des assiettes individuelles. Garnir de quenelles de ricotta et servir immédiatement.

Tartare de courgette à l'estragon

PORTIONS: 4   **PRÉPARATION:** 15 min   **RÉFRIGÉRATION:** 30 min

6 petites courgettes, épépinées et coupées en dés

1 oignon blanc, coupé en dés

1 c. à soupe de ciboulette à l'ail, hachée (ou de ciboulette)

125 ml (½ tasse) d'huile d'olive extra vierge

3 c. à soupe d'estragon, haché

1 petit piment, haché

1 pincée de sel

1 pincée de poivre noir frais moulu

2 avocats

2 c. à soupe de jus de citron

Dans un grand bol, mélanger les courgettes, l'oignon, la ciboulette, l'huile d'olive, l'estragon, le piment, le sel et le poivre. Réfrigérer 30 minutes.

Au robot culinaire, mélanger la chair des avocats et le jus de citron jusqu'à l'obtention d'une purée lisse. Saler légèrement.

Disposer le tartare sur des assiettes individuelles. Garnir de quenelles de purée d'avocat et servir immédiatement.

Tartare de courgette aux petits fruits

PORTIONS: 4   **PRÉPARATION:** 15 min   **RÉFRIGÉRATION:** 30 min

8 petites courgettes,
    épépinées et coupées en
    dés

3 c. à soupe de persil, haché

4 c. à soupe de zeste
    d'orange

2 c. à soupe d'huile
    de sésame

20 framboises, coupées en 2

16 mûres, coupées en 2

8 fraises, coupées en dés

1 pincée de sucre

1 pincée de sel

4 c. à soupe de yogourt de
    chèvre nature

Dans un grand bol, mélanger les courgettes, le persil, le zeste d'orange, l'huile de sésame, les framboises, les mûres, les fraises et le sucre. Saler légèrement. Réfrigérer 30 minutes.

Disposer le tartare sur des assiettes individuelles. Garnir de yogourt et servir immédiatement.

Tartare de mangue, de tomate et de mozzarella

PORTIONS: 4 **PRÉPARATION:** 15 min **RÉFRIGÉRATION:** 30 min

2 grosses mangues, pelées et coupées en dés

4 grosses tomates, épépinées et coupées en dés

4 c. à soupe de jus d'orange

1 c. à café de vinaigre de xérès

1 bonne pincée de sel

1 bouquet de petites feuilles de basilic

1 boule de mozzarella

Dans un grand bol, mettre les mangues, les tomates, le jus d'orange, le vinaigre de xérès et le sel. Ajouter quelques feuilles de basilic (réserver quelques feuilles pour la garniture). Mélanger. Réfrigérer 30 minutes.

Couper la mozzarella en 4 tranches épaisses, puis en dés.

Disposer le tartare sur des assiettes individuelles. Garnir de mozzarella et de feuilles de basilic. Servir immédiatement.

Tartare de tomate et de fraise au gingembre

PORTIONS: 4   **PRÉPARATION:** 15 min   **RÉFRIGÉRATION:** 30 min

6 grosses tomates, épépinées
et coupées en dés

24 grosses fraises, coupées
en dés

2 cm (¾ po) de racine
de gingembre, râpée

4 c. à soupe de zeste
d'orange

125 ml (½ tasse) de jus
d'orange

1 c. à soupe de ciboulette,
hachée

4 c. à soupe d'huile d'olive
extra vierge

1 bonne pincée de sel

1 pincée de poivre noir frais
moulu

4 c. à soupe de yogourt
nature

Dans un grand bol, mélanger les tomates, les fraises, le gingembre, le zeste et le jus d'orange, la ciboulette et l'huile d'olive. Saler et poivrer. Réfrigérer 30 minutes.

Disposer le tartare sur des assiettes individuelles. Garnir de yogourt et servir immédiatement.

Tartare de tomate et purée d'avocat

PORTIONS: 4 **PRÉPARATION:** 20 min **RÉFRIGÉRATION:** 30 min

6 grosses tomates, épépinées et coupées en dés

2 c. à soupe de zeste de citron

1 gousse d'ail, hachée

2 échalotes, hachées

1 c. à soupe de ciboulette, hachée

4 c. à soupe d'huile d'avocat

1 pincée de sel

1 pincée de poivre noir frais moulu

3 avocats, pelés et coupés en dés

2 c. à soupe de crème à fouetter 35 %

200 g (7 oz) de chips de maïs, écrasées

4 c. à soupe de beurre, fondu

Dans un grand bol, mélanger les tomates, le zeste de citron, l'ail, les échalotes, la ciboulette et l'huile d'avocat. Saler et poivrer, au goût. Réfrigérer 30 minutes.

Au robot culinaire, mélanger les dés d'avocat, la crème, du sel et du poivre jusqu'à l'obtention d'une purée lisse.

Dans un bol, mélanger les chips de maïs écrasées et le beurre fondu. À l'aide d'un emporte-pièce, façonner des galettes avec la préparation de chips de maïs et les disposer sur des assiettes individuelles. Couvrir de purée d'avocat. Garnir de tartare et servir immédiatement.

Dans la même collection

ANDRÉA JOURDAN
Complètement
LIMONADES

ANDRÉA JOURDAN
Complètement
CHEESECAKES

ANDRÉA JOURDAN
Complètement
CRU

ANDRÉA JOURDAN
Complètement
QUINOA

ANDRÉA JOURDAN
Complètement
TOMATES

ANDRÉA JOURDAN
Complètement
SALADES

ANDRÉA JOURDAN
Complètement
SOUPES FROIDES

ANDRÉA JOURDAN
Complètement
SMOOTHIES

ANDRÉA JOURDAN
Complètement
CREVETTES

Aussi disponibles en version numérique

Complètement
Biscuits ▪ Cheesecakes ▪ Crème glacée ▪ Crêpes ▪ Crevettes ▪ Cru ▪ Desserts en pots ▪ Lasagnes
Limonades ▪ Poulet ▪ Quinoa ▪ Risotto ▪ Salades ▪ Saumon ▪ Smoothies ▪ Soupes d'automne
Soupes froides ▪ Tajines ▪ Tartares ▪ Tomates

Absolutely...
Autumn Soups ▪ Cheesecake ▪ Chicken ▪ Cold Soups ▪ Cookies ▪ Crepes
Desserts In A Jar ▪ Ice Cream ▪ Lasagna ▪ Lemonade ▪ Quinoa ▪ Raw ▪ Risotto
Salads ▪ Salmon ▪ Shrimp ▪ Smoothies ▪ Tajine ▪ Tartare ▪ Tomatoes